ALLES ÜBER PFERDE & PONYS FÜR KINDER

VOLLER FAKTEN, FOTOS & SPASS, UM WIRKLICH ALLES ÜBER PFERDE & PONYS ZU LERNEN

NANU KAKADU

DIESES BUCH GEHÖRT

_____

INHALT

Unsere treuen, hart arbeitenden Freunde	1
Partner der Menschen seit Tausenden von Jahren	5
Was sind Pferde?	13
Was sind Ponys?	17
Was fressen Pferde?	23
Die beliebtesten Pferderassen	31
Geschichte der Pferde	51
Wo leben die Pferde?	57
Einzigartige Merkmale von Pferden	61
Der Lebenszyklus von Pferden	67
Weitere wissenswerte Fakten über Pferde	73
Vielen Dank fürs Lesen	77
Quellen	81

UNSERE TREUEN, HART ARBEITENDEN FREUNDE

Stell dir in deiner Fantasie ein Pferd vor. Was siehst du?

Siehst du ein braunes Pferd mit weißen Flecken, das einen Cowboy auf dem Rücken trägt?

Oder vielleicht ein schwarzes Pferd, das anmutig den Strand entlang galoppiert?

Oder stellst du dir ein zuckersüßes, flauschiges Pony auf dem Jahrmarkt vor?

Unser Planet ist voll von wirklich wunderbaren Pferden. Es gibt so viele Arten auf der ganzen Welt, und nahezu die meisten von ihnen leben mit uns Menschen zusammen. Tatsächlich sind

Pferde seit Menschengedenken (*ja, schon lange vor der Zeit deiner Urgroßeltern*) unsere treuen Arbeitsgefährten. Dabei ist es ganz egal, ob sie ein Feld pflügen oder eine Königin tragen, ob sie den Wagen eines Bauern ziehen oder im Reitunterricht Kinderaugen zum Leuchten bringen... Alle Pferde haben die gleichen bewundernswerten Eigenschaften: **Kraft, Eleganz, Tapferkeit und Loyalität.**

Es gibt kaum ein anderes Tier, das so zuverlässig, vertrauenswürdig, hilfsbereit und leicht zu trainieren ist wie das Pferd. Aus diesem Grund haben viele Menschen eine lebenslange Liebesbeziehung zu Pferden.

Bist du auch total verliebt in Pferde?

Wenn dem so ist, magst du sicherlich alles über diese wunderbaren Geschöpfe erfahren.

Worauf wartest du dann noch? Sattel auf und tauche mit uns in die zauberhafte Welt der Pferde und Ponys ein.

Es gibt SO viel zu lernen!

PFERDE SIND MEINE LIEBLINGS- MENSCHEN!

PARTNER DER MENSCHEN SEIT TAUSENDEN VON JAHREN

Du denkst vielleicht, dass Hunde „die besten Freunde des Menschen" sind, aber Pferde machen Bello dabei ordentlich Konkurrenz. Wusstest du, dass Pferde schon seit Tausenden von Jahren Seite an Seite mit uns Menschen leben? Ganz richtig, Pferde begleiten uns schon enorm lange und helfen uns bei den verschiedensten Aufgaben.

Denk einmal darüber nach, wie das Leben war, bevor der Mensch Autos, Lastwagen, Busse, Züge und Flugzeuge erfunden haben. Selbst Erwachsene vergessen oft, dass es diese Art der Fortbewegung erst seit etwa hundert Jahren gibt.

Und was haben die Menschen früher gemacht? Wie sind sie von einem Ort zum anderen gekommen, haben Dinge transportiert und generell ihre Angelegenheiten erledigt?

Mit Hilfe von Pferden, natürlich!

Bevor es moderne Transportmittel (wie wir sie heute kennen) gab, gingen die Menschen entweder zu Fuß, ritten auf Pferden oder fuhren auf einem von einem Pferd gezogenen Wagen oder einer Kutsche. Es gibt einen guten Grund, warum man sagt, dass jemand, der hart arbeitet, wie ein „Pferd ackert". Pferde sind seit Menschengedenken unsere ständigen Helfer, die uns Menschen (und unsere Fracht) dorthin brachten, wo wir gebraucht wurden.

FUN FACT: Es wird allgemein angenommen, dass asiatische Nomaden die ersten waren, die Pferde zähmten und eine Beziehung zu ihnen hatten. Nomaden nennt man eine Gruppe von Menschen, die kein festes Zuhause haben. Sie ziehen von einem Ort zum anderen, hauptsächlich um ihr Vieh zu ernähren. Da Nomaden viel reisen, ist es logisch, dass sie Pferde brauchen! In Wüstengegenden werden die Pferde jedoch oft durch Kamele ersetzt.

Pferde ritten mit Alexander dem Großen in Schlachten. Sie trugen Cowboys und Cowgirls und die ursprünglichen amerikanischen Völker über die weiten Ebenen der Vereinigten Staaten. Pferde aus Arabien trugen Sultane und Prinzen. Pferde in Japan trugen Samurai.

Heutzutage werden Pferde vielleicht nicht mehr so häufig als Transportmittel eingesetzt, aber sie sind immer noch beliebte und hilfreiche Mitglieder der Gesellschaft. Viele Menschen reiten zum Spaß und zur Entspannung und genießen das Tempo und die Gesellschaft ihrer tierischen Freunde. Pferde und ihre Reiter nehmen an Sportveranstaltungen wie Rodeos, Polospielen oder Pferderennen (Derbys) teil. Und vergessen wir nicht die Reitwettbewerbe wie Dressur, Vielseitigkeit und Springen, die sogar Teil der Olympischen Spiele sind!

Pferde und Ponys haben mitunter auch sehr wichtige Jobs. So werden sie zum Beispiel auch für Psycho- und Physiotherapie eingesetzt. Du siehst also, dass das Reiten eine wunderbare körperliche und emotionale Aktivität ist, die den Menschen helfen kann, sich glücklich und entspannt zu fühlen.

Ebenso wichtig ist der Job eines Polizeipferdes. So werden Pferde gerne bei Großveranstaltungen wie Demonstrationen, Fußballspielen oder Festen eingesetzt, da sich Polizisten und Polizistinnen vom Rücken der Pferde aus einen guten Überblick über bestimmte Situationen verschaffen können. Auch sind Polizisten mit ihren Pferden oft flexibler und wendiger als beispielsweise in einem Auto oder auf einem Motorrad unterwegs. Die eingesetzten Pferde müssen für diese Aufgabe natürlich die Ruhe weg haben und dürfen sich nicht so leicht verunsichern lassen.

Wusstest du außerdem, dass unsere geliebten Vierbeiner auch als Schauspieler arbeiten? Vielleicht hast du noch nie großartig darüber nachgedacht, aber eigentlich ist es ganz logisch. Alle Pferde, die wir in einem Spielfilm sehen, sind trainierte Tiere und ein wichtiger Bestandteil Hollywoods. Wenn du also das nächste Mal einen Film siehst, in dem ein Pferd umkippt oder aus einer belebten Westernstadt galoppiert, denk daran, dass das Pferd für diese Tricks trainiert wurde. Sie sind genau so sehr Schauspieler wie die Menschen auf der Leinwand.

Es gibt wirklich nicht viele Tiere auf der Welt, die so viel leisten können wie das Pferd. Intelligent, loyal und anhänglich – Pferde sind wahre Freunde, auf die stets Verlass ist!

Also, was sagst du?

Lass sie uns besser kennenlernen!

WAS SIND PFERDE?

Pferde und Ponys gehören zur Tiergruppe der *Huftiere*. Huftiere sind – wie der Name schon sagt – Tiere mit Hufen, die vier Beine haben und in der Regel Pflanzenfresser sind.

Kennst du noch weitere Huftiere?

Bei dieser Art fallen einem schnell Esel oder Zebras ein, aber wusstest du, dass auch Elefanten zu den Huftieren gehören? Normalerweise würde man nicht unbedingt davon ausgehen, dass diese beiden Arten der gleichen Gruppe angehören, aber es stimmt!

Andere Huftiere sind Hirsche, Schweine, Giraffen, Kamele, Rinder und sogar das mächtige Nashorn. Während Menschen neben Pferden auch auf Kamelen und Elefanten reiten, sind die meisten anderen Huftiere jedoch nicht so leicht zu trainieren und bei der Arbeit einzusetzen. Hast du schon einmal jemanden gesehen, der ein Schwein oder eine Giraffe reitet? *Wir auch nicht.*

Ein weiterer erwähnenswerter Punkt bei Pferden ist, dass sie *Säugetiere* sind. Genau genommen sind alle Huftiere Säugetiere.

Weißt du, was ein Säugetier ist? Säugetiere sind eine Gruppe von Tieren, die ihre Babys lebend zur Welt bringen und diese mit Milch ernähren. Die Babys saugen dabei an der Zitze oder Brust ihrer Mutter. Säugetiere atmen Luft, haben eine Wirbelsäule und tragen Haare oder Fell. Sie legen also keine Eier und haben auch keine Federn oder Schuppen.

Schau dich selbst an. Hast du als Baby Milch getrunken? Hast du Haare? Atmest du Luft ein und aus? Wenn du alle diese Fragen mit *Ja* beantworten kannst, bist du ein Säugetier! Wenn du kein Säugetier bist, freuen sich sicher auch die Fische, Reptilien und Vögel, dich in ihrer Gruppe begrüßen zu dürfen.

Innerhalb der großen Kategorie der „Pferde" gibt es tatsächlich weit über 200 verschiedene Arten oder Rassen.

Aber moment mal! Geht es in diesem Buch nicht auch um Ponys? Wo passen die denn nun rein?

Gut, dass du fragst!

WAS SIND PONYS?

Ponys sind eine von drei Untergruppen der größeren Gruppe der „Pferde". Das heißt alle Ponys sind Pferde, aber nicht alle Pferde sind Ponys. *Kannst du uns folgen?* Wie bereits erwähnt gibt es über 200 verschiedene Pferderassen, die sich jeweils einer der folgenden drei Gruppen zuordnen lassen: (**Groß-)Pferde, Kleinpferde** und schließlich **Ponys**.

Die Einteilung in diese Gruppen erfolgt aufgrund der Größe der jeweiligen Pferderasse. Diese wird vom Boden bis zum *Widerrist* des Pferdes, also dem Übergang vom Hals zum Rücken, gemessen. Alle Pferde mit einer Widerristhöhe von unter 1,48 m gelten als Ponys oder Kleinpferde.

Man könnte annehmen, dass Ponys die kleinsten aller Pferderassen sind. Überraschenderweise ist das jedoch nicht der Fall! Denn Miniaturpferde sind sogar noch kleiner als Ponys. Nun fragst du dich vielleicht: „Wenn Ponys als Kleinpferde bezeichnet werden, warum gelten Miniaturpferde dann nicht als Ponys?" Wir wissen, dass das ganz schön verwirrend sein kann. Aber Miniaturpferde sind noch mal eine eigene Rasse, die ein paar spezielle Eigenschaften hat, welche sie von Ponys unterscheiden:

- Miniaturpferde sind kleiner als Ponys. Die kleinsten Ponys sind etwa 130 Zentimeter groß, aber Miniaturpferde sind in der Regel weniger als 90 Zentimeter oder maximal einen Meter groß. Die Chancen stehen gut, dass du bereits größer als ein Miniaturpferd bist!
- Miniaturpferde haben einen schlankeren Körperbau als Ponys. Sie sehen in der Regel wie Großpferde aus, sind nur eben eine ganze Ecke kleiner. Als wären sie in der Wäsche quasi eingelaufen. Ponys hingegen sind kompakter, haben kürzere Beine und einen runderen Körperbau. Sie sind etwas stämmiger als Miniaturpferde.
- Miniaturpferde können nicht geritten werden. Sie sind schlichtweg zu klein und zart, um geritten zu werden – selbst von Kindern. Aber sie geben trotzdem tolle Haustiere ab! Ponys eignen sich hingegen perfekt zum Reiten für Kinder und sind oftmals die erste Art von Pferd, auf der Kinder das Reiten lernen.

Jetzt kennst du also den Unterschied zwischen diesen beiden Pferdearten. Niedlich sind sie auf jeden Fall alle beide!

MANCHE FREUNDE LAUFEN AUF VIER BEINEN...

...DAMIT SIE IHR RIESIGES HERZ TRAGEN KÖNNEN.

WAS FRESSEN PFERDE?

Wusstest du, dass ein durchschnittliches Pferd rund 200 Kilogramm an Gewicht tragen und etwa 55 Kilometer am Tag zurücklegen kann?

Puh! Bei solch einem hohen Energieverbrauch ist es kaum verwunderlich, dass eine der Lieblingsbeschäftigungen von Pferden das Fressen ist. Und was meinst du, fressen sie am liebsten?

Pferde sind reine **Pflanzenfresser.** Um all die Energie zu bekommen, die sie für den Tag benötigen, müssen sie eine Meeeenge an Nahrung zu sich nehmen. In der Natur oder auf der Weide ernähren sie sich unter anderem von Gräsern jeglicher Art, Kräutern, Sträuchern, Wurzeln, Blumen und Blättern.

Neben frischem Weidegras zählt Heu – also getrocknetes Gras – zu ihren Grundnahrungsmitteln. Dieses ist vor allem im Winter sehr wichtig, da frisches Gras zu dieser Jahreszeit oft knapp ist. Frisches Gras und Heu (oder auch Stroh) sorgen für eine gute Verdauung beim Pferd.

Pferde, die als „Haustiere", also von uns Menschen gehalten werden, bekommen außerdem Kraftfutter. Dieses kann aus Hafer, Mais, Gerste oder Leinsamen oder einer Mischung aus diesen bestehen. Dieses Futter gibt unseren Freunden – wie der Name schon sagt – Kraft und Power.

Obst und Gemüse wie Äpfel, Bananen (ohne Schale), Birnen, Pfirsiche, Wassermelonen, Mohrrüben, Rote Beete und Kopfsalate versorgen Pferde mit den nötigen Vitaminen. Diese sollten jedoch eher gelegentlich als Snacks oder Leckerlis gefüttert werden.

Jegliche Süßigkeiten wie Schokolade oder Kuchen sind für Pferde und Ponys absolut tabu! Und behalte auch Fleisch und blähende Lebensmittel wie Kohl für dich. Auch von Tomaten und Kartoffeln sollten Pferde die Hufe lassen. Da sie einen eher empfindlichen Magen haben, könnten diese Lebensmittel zu starken Bauchschmerzen bei ihnen führen.

Pferde sollten unbedingt Zugang zu einem Salzleckstein haben, welcher sie mit wichtigen Mineralstoffen versorgt. Vor allem im Sommer können sie so das Salz ersetzen, das sie durchs Schwitzen verlieren.

Ganz, ganz, ganz wichtig ist für unsere Freunde frisches, sauberes Wasser, wovon sie gerne mal um die 40 Liter am Tag trinken. An heißen Sommertagen kann sich diese Menge aber auch verdoppeln.

Grundsätzlich richtet sich die Menge der Nahrung nach der Größe und dem Gewicht des Pferdes oder Ponys sowie danach, wie viel Leistung das Pferd oder Pony am jeweiligen Tag erbringen muss beziehungsweise erbracht hat.

FUN FACT: Ein Pferd kann schneller rennen als jedes Auto in der Stadt! Die erlaubte Geschwindigkeit innerhalb der Stadt beträgt 50 Kilometer pro Stunde. Die schnellste aufgezeichnete Geschwindigkeit eines Vollblüters in einem Rennen war 70 Kilometer pro Stunde. Wenn du das nächste Mal zu spät zur Schule kommst, solltest du also vielleicht lieber auf ein Pferd springen, anstatt den Bus zu nehmen!

WILDPFERDE

Pferde sind seit Tausenden von Jahren treue Partner der Menschen. Die meisten von ihnen sind *domestiziert* und leben mit uns Menschen zusammen. Aber wusstest du, dass es auch heute noch Wildpferde gibt? Wenn man es ganz genau nimmt, sind die Wildpferde, wie wir sie heute kennen, allerdings meist verwilderte Hauspferde.

Dazu zählen die Mustangs aus Nordamerika. Die Mustangs sind quasi die Ur-Ur-Ur-Enkel der Pferde, die im 16. Jahrhundert von spanischen Kolonialisten mit über den Atlantik gebracht wurden.

Auch in Deutschland gibt es sogenannte halbwilde Pferde. Und zwar die Dülmener Wildpferde im Münsterland. Hier leben auf einem rund 350 Hektar großen Naturschutzgebiet etwa 300 bis 400 Pferde zusammen.

Aus biologischer Sicht sind die einzigen noch lebenden Wildpferde auf der Welt die Przewalski-Pferde, auch Takhi genannt, aus Zentralasien/der Mongolei. Genetisch unterscheiden sich diese Pferde von den heutigen domestizierten Pferderassen, obwohl sie vor sehr langer Zeit einen gemeinsamen Vorfahren hatten. Heute gelten die Przewalski-Pferde als selten und vom Aussterben bedroht.

Das Takhi ist kleiner als die meisten domestizierten Pferde. Es ist meist fahlgelb und hat eine kräftige, kurze und ziemlich dunkle Mähne. Von seiner Statur her sieht es einem Zebra sehr ähnlich und in der Tat sind die beiden Tiere entfernte Cousins!

FUN FACT: Es gab eine Zeit, in der diese beeindruckenden Pferde fast völlig ausgerottet waren und es nur noch 12 von ihnen in freier Wildbahn gab. In der Mongolei wurde jedoch ein tolles Zuchtprogramm ins Leben gerufen und die Zahl ist seitdem gestiegen. Heute leben etwa 200 Takhis in freier Wildbahn, die alle von den ursprünglichen 12 Tieren abstammen!

DIE BELIEBTESTEN PFERDERASSEN

Es gibt über 200 verschiedene Pferderassen auf unserem Planeten, aber wir werden an dieser Stelle nicht auf alle von ihnen eingehen. Ansonsten hätten wir am Ende so ein dickes Buch wie ein kleines Pony! Daher möchten wir den Blick stattdessen auf die beliebtesten Rassen werfen.

Wer weiß, vielleicht findest du ja eine Rasse, die dein Herz im Sturm erobert? Vielleicht hast du aber auch schon eine Lieblingsrasse für dich entdeckt?

Bist du bereit?

Los geht's!

ARABER

Araber sind eine der ältesten Pferderassen. Diese atemberaubenden Tiere stammen von der arabischen Halbinsel und sind eine robuste und enorm ausdauernde Rasse, die aufgrund ihrer Herkunft gut mit hohen Temperaturen zurechtkommt.

Beduinen (Nomaden der Wüste) hatten einst eine sehr enge Beziehung zu ihren Araberpferden und brachten sie sogar nachts in ihre Zelte, um sie sicher und warmzuhalten.

Bis heute lieben Araberpferde den Menschen und bauen schnell eine Beziehung auf, was einer der Gründe für ihre große Beliebtheit ist. Sie sind außerdem hochintelligent und mutig und wurden von Kriegern in der Schlacht eingesetzt.

Araber sind auch für ihre einzigartige Kopfform und ihren hoch angesetzten Schweif bekannt, die ihnen ein elegantes, schlankes Aussehen verleihen.

Vollblutaraber sind eine bestimmte Züchtung der Araberpferde.

HINWEIS: Ein Pferd zählt als Vollblut, wenn es über eine lange Zeit hinweg nur innerhalb seiner eigenen Rasse gezüchtet wurde.

Vollblutaraber sind für ihr lebhaftes, temperamentvolles, aber auch sensibles Wesen bekannt. Sie sind enorm schnell und die Rasse, die heute am häufigsten im Rennsport eingesetzt wird. Ein Vollblutpferd hält derzeit mit 69,62 Kilometern pro Stunde den Geschwindigkeitsweltrekord.

AMERICAN QUARTER HORSE

Arabische oder auch Englische Vollblüter mögen Geschwindigkeitsrekorde über längere Strecken aufstellen, aber über kurze Strecken gilt das American Quarter Horse als schnellstes Pferd der Welt! Es kann über eine kurze Distanz mit einer erstaunlichen Geschwindigkeit von 71 Kilometer pro Stunde galoppieren. Interessanterweise hat das American Quarter dieselbe Abstammung wie das Vollblut, woher es wahrscheinlich auch seine Schnelligkeit hat!

Mit 4,6 Millionen registrierten Tieren weltweit ist das American Quarter Horse die am weitesten verbreitete Pferderasse und definitiv auch einer der beliebtesten. Es gibt sie in ganzen 17 Farben und neben ihrer extremen Schnelligkeit sind American Quarter Horses auch für ihr geschicktes, lebendiges und ehrgeiziges Wesen bekannt, das sich nicht so schnell aus der Ruhe bringen lässt.

Besonders beliebt ist diese Rasse aufgrund ihrer Eigenschaften auch bei Cowboys, da sie sich hervorragend fürs Westernreiten oder für Rodeos eignet.

AMERICAN PAINT HORSE

Eine weitere Rasse, die eng mit dem American Quarter Horse verwandt ist, ja, sogar aus einer Kreuzung von diesem und dem Englischen Vollblut hervorgeht, ist das American Paint Horse. Paint Horses sind gescheckte Pferde. Stell dir vor, du hättest ein weißes Pferd und würdest es mit einem Eimer brauner Farbe bespritzen… Schon hättest du ein American Paint Horse. Ganz so einfach ist das natürlich nicht.

Paint Horses haben eine einzigartige Zeichnung und sind dafür bekannt, dass sie ruhig, intelligent, freundlich und leicht zu trainieren sind.

Darüber hinaus sind sie wendig und eignen sich hervorragend für die verschiedensten Westernreitdisziplinen. Mit ihrem umwerfenden Aussehen und ihrer umgänglichen Persönlichkeit ist es kein Wunder, dass Paint Horses ebenfalls eine der beliebtesten Pferderassen sind.

Wenn ein Paint Horse ein Fohlen zur Welt bringt, das komplett einfarbig ist, nennt man dieses Solid Paint Bred.

FRIESE

Friesenpferde stammen aus den Niederlanden, genauer gesagt aus der Region Friesland. Sie sind eine der ältesten europäischen Pferderassen und gelten als *leichte* **Zugpferde**. So werden sie neben ihrem Einsatz als Reitpferde auch gerne als Fahrpferde vor Kutschen gespannt.

HINWEIS: Zugpferde sind starke, große und schwere Pferde, die bei der landwirtschaftlichen Arbeit eingesetzt werden. Sie sind als die fleißigsten unter den Pferderassen bekannt.

Nachdem die Rasse um 1910 beinahe ausgestorben war, wurde viel Arbeit in die Zucht der Tiere gesteckt. Mit Erfolg: Heute sind im Stammbuch der Friesenpferde über 60.000 Tiere gelistet, die über ganz Europa verteilt sind.

Friesen sind groß, anmutig und schnell. Sie haben eine auffallend einfarbige schwarze Farbe, eine lange, gewellte schwarze Mähne, lange Haare an den Fesseln (die sogenannten Köten) und einen schwarzen, ebenfalls gewellten Schweif.

Heutzutage sind Friesen aufgrund ihrer Schönheit, aber auch wegen ihres ruhigen Gemüts eine beliebte Wahl für Pferdedarsteller in Film und Fernsehen. Wenn du also das nächste Mal ein großes schwarzes Pferd auf dem Bildschirm siehst, schau etwas genauer hin. Vielleicht ist es ja ein Friese!

ANDALUSIER

Eine weitere sehr beliebte Pferderasse sind die aus Spanien stammenden Andalusier. Andalusier sind seit dem 15. Jahrhundert eine eigenständige Rasse. Diese majestätischen und intelligenten Pferde wurden einst als Kriegspferde eingesetzt und gehörten in jedes Haus beziehungsweise jeden Hof eines Adligen.

Andalusier kommen meist in den Farben Hellgrau oder Apfelschimmel vor, können aber auch andere Farben wie beispielsweise Weiß, Braun, Schwarz und Fuchs haben. Sie haben ein sehr gutmütiges Wesen, sind sehr personenbezogen (also auf bestimmte Personen fixiert), sehr lernfähig und sehr sensibel. Aufgrund ihrer bemerkenswerten Sportlichkeit sind sie eine beliebte Rasse für den Reitsport.

Ähnlich wie Friesen sind auch Andalusier eine der bevorzugten Rassen bei Filmemachern und tauchten so sogar in den „*Herr der Ringe*"-Filmen auf. Bei all ihren tollen Charaktereigenschaften ist es kein Wunder, weshalb sie nicht nur bei den Hobbits beliebt sind.

APPALOOSA

Der Appaloosa ist eine der beliebtesten amerikanischen Pferderassen. Er stammt vom Andalusier ab, welcher einst nach Nordamerika eingeführt wurde. Anschließend wurde er vom Volk der Nez Percé entwickelt, das im pazifischen Nordwesten der Vereinigten Staaten lebte. Die Einwohner des Volkes wurden als Pferdezüchter bekannt und wählten nur die „besten" und gesündesten Pferde für die Zucht aus. Dadurch wurden die Appaloosa im Hinblick auf ihre Merkmale und Eigenschaften immer stärker. Wir wissen, dass die Siedler in diesem Gebiet diese Pferde einst „Palouse-Pferde" nannten. Es gab einen Palouse-Fluss, der durch das Land der Nez Percé floss. Historiker glauben, dass dieser Name schließlich zu dem Namen führte, den sie heute tragen – Appaloosa.

Das wohl typischste Merkmal dieser Rasse ist die gesprenkelte Farbe, die sich im Laufe der Jahre teilweise noch stark verändern kann. Über die jeweilige Grundfarbe der Pferde, welche weiß, braun, fuchsfarben oder schwarz sein kann, legt sich dabei sozusagen eine „weiße Decke".

Aufgrund ihrer ruhigen, gelassenen und menschenbezogenen Art sind Appaloosa vor allem bei Familien sehr beliebt. Ihre hohe Leistungsbereitschaft und Ausdauer machen sie aber auch zu einem hervorragendem Sportpferd. So werden sie heute häufig bei Reitwettbewerben und Veranstaltungen sowie bei Pferderennen eingesetzt.

MONGOLISCHES PFERD

Hast du schon einmal von Dschingis Khan gehört? Er war ein mongolischer Eroberer, der um 1210 regierte, seine Krieger in alle benachbarten Gebiete in die Schlacht schickte und ein großes mongolisches Reich schuf. Die Pferde seiner Truppen trugen damals erheblich zum Sieg gegen die umliegenden Völker bei.

Wäre es nicht cool, die Pferde zu sehen, die bei der Gründung eines riesigen Reiches mitgewirkt haben? Das ist tatsächlich möglich! Denn die mongolischen Pferde von heute sind mit den

Pferden Dschingis Khans verwandt und bis heute weitgehend unverändert.

Das mongolische Pferd ist stämmig und kleiner als viele andere Rassen – es zählt somit zu den Kleinpferden. Es hat keine hohen Ansprüche und ist für seine außerordentliche Ausdauer bekannt, was bedeutet, dass es nicht so schnell müde wird. Ein Gespann aus vier dieser starken Pferde kann einen Wagen ziehen, der bis zu 2.000 Kilogramm wiegt! Heute gibt es in der Mongolei etwa drei Millionen dieser Pferde.

Mit Ausnahme der Pferde, die als Reitpferde genutzt werden, leben die Mongolischen Pferde ähnlich wie Wildpferde (und erinnern optisch auch an diese). Sie sind das ganze Jahr über auf sich allein gestellt und fressen Gras, auch wenn sie dafür im Schnee scharren müssen. Die Pferde haben sich so gut angepasst, dass sie nur wenig Wasser benötigen. Oft trinken sie nur einmal am Tag. Sie sind robust und brauchen keine besondere Pflege. Hirten halten Gruppen von Pferden in ihrer Nähe, zäunen diese aber nicht ein.

Statue Dschingis Khans und seines Pferdes in der Mongolei

Pferderennen sind nach dem Ringen (*mit Menschen, nicht mit Pferden*) der zweitbeliebteste Sport in der Mongolei.

FUN FACT: In der Mongolei leben mehr Pferde als Menschen. Verrückt, oder? Solltest du also jemals in die Mongolei reisen, wirst du es nicht schwer haben, die Nachfahren der Pferde von Dschingis Khan zu sehen.

PONYS

Da wir bereits über Ponys im Allgemeinen gesprochen haben, wollen wir uns nun mit einer der beliebtesten Pony-Rassen beschäftigen: Dem Shetlandpony.

Shetlandponys stammen von den Shetlandinseln im Nordosten des schottischen Festlands. Sie sehen vielleicht niedlich aus, aber Shetlandponys sind zähe, starke kleine Burschen mit schwerem Fell und breitem Rücken. Diese Eigenschaften haben sich sicherlich aufgrund des rauen Klimas, welches auf den Shetlandinseln herrscht, entwickelt.

Wusstet du, dass Shetlandponys früher an der Seite von Bergleuten gearbeitet haben? Diese kleinen Pferde, die für ihre Größe enorm stark sind, wurden im 19. Jahrhundert in britischen Kohlebergwerken eingesetzt, um Wagenladungen mit Kohle durch die flachen Stollen zu ziehen.

Shetlandponys sind sehr intelligent und super darin, Tricks zu lernen. Obwohl sie mitunter eigenwillig und stur sein können, wenn sie nicht richtig trainiert werden, sind Shettys in der Regel freundlich. Sie sind eine beliebte Ponyrasse, die auf Jahrmärkten kleine Karren hinter sich herziehen und auf Kinderbauernhöfen oder in Streichelzoos zu sehen sind.

Aufgrund ihrer kleinen Größe können Shettys nicht von Erwachsenen geritten werden, aber sie eignen sich hervorragend als Einstiegspferd für Kinder.

Hast du nach der Lektüre über all diese fantastischen Rassen nun eine Lieblingsrasse?

Es ist auf jeden Fall ziemlich schwer, sich zu entscheiden... Aber das muss man ja auch nicht unbedingt!

GESCHICHTE DER PFERDE

Bei all den Informationen über die beliebtesten Pferde- und Ponyrassen stellt sich die Frage, woher die Pferde eigentlich kommen. Stammen sie womöglich von einer anderen Tierart ab und haben sich zu dem entwickelt, was sie heute sind?

Finden wir es heraus!

Lassen wir unsere Fantasie spielen und reisen wir in eine Zeit vor Millionen von Jahren zurück. Vielleicht treffen wir die Vorfahren der Pferde, die wir heute kennen und lieben.

Stell dir eine Welt vor, in der es viele Arten von Pferden gibt. Wir sprechen hier nicht nur von

Rassen. Stell dir eine Welt vor, in der es Pferde in allen Größen, Farben und Formen gibt. Manche sind vielleicht nur so groß wie dein Hund, andere wiederum so groß wie eine Giraffe.

Die frühesten Pferde sollen vor 55 Millionen Jahren auf der Erde gelebt haben. Das erste Pferd wurde **Eohippus** genannt, das *Pferd der Morgendämmerung*. Es gab es in Europa und Nordamerika, und es war viel kleiner als das „Standardpferd", das wir heute kennen. Tatsächlich sahen diese frühzeitlichen Pferde eher wie Rehe aus, mit hellbraunem Körper und weißen Flecken. Ihre Hinterbeine waren etwas länger, was ihnen ein buckliges Aussehen verlieh.

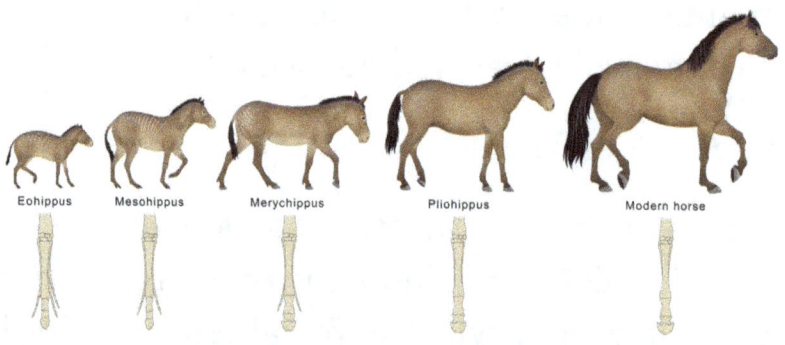

Ein großer Unterschied zwischen dem *Pferd der Morgendämmerung* und modernen Pferden sind ihre Hufe. Das Urpferd hatte Füße, die in drei oder vier Zehen endeten, jede mit ihrem eigenen kleinen Huf. Heute haben Pferde nur einen Huf und keine separaten Zehen mehr.

Im Laufe der Millionen von Jahren haben sich die Pferde verändert. Sie wurden größer, verloren ihre vielen Hufe, entwickelten eine längere Schnauze, ein größeres Gehirn und Zähne, die für das Grasen auf den Weiden bestimmt sind. Mit all diesen Veränderungen passten sich auch ihre Mägen an, um sicherzustellen, dass sie Gras, Heu und alles andere verdauen konnten, was das Pferd heutzutage nun mal so frisst.

Wer sind nun die nächsten Verwandten der modernen Pferde?

Die Tiere, die im Tierreich am häufigsten mit Pferden in Verbindung gebracht werden, sind das Zebra und der Esel. Zusammen bilden diese drei Arten die Gruppe **Equus**. Zebras und Esel sind jedoch nicht die einzigen Tiere, die als Verwandte des Pferdes gelten. Auch Tiere wie das mächtige Nashorn und Tapire gelten als verwandt, wenn auch nicht unbedingt als nahe Verwandte.

HINWEIS: Tapire sind faszinierende Lebewesen, die in Malaysia sowie in Mittel- und Südamerika vorkommen. Auf den ersten Blick sehen sie ein wenig wie ein Schwein aus. Sie sind stämmig, haben Hufe und sehr kräftige Gliedmaßen. Tapire sind so etwas wie der viel kleinere entfernte Cousin des Pferdes.

Wow, was für eine Reise das Pferd vom Eohippus bis zum Pferd, wie wir es heute kennen, gemacht hat!

Wir sind froh, dass sich das moderne Pferd zu einem treuen, starken, intelligenten und ruhigen Tier entwickelt hat. Diese Eigenschaften sind genau der Grund, weshalb wir seit Tausenden von Jahren mit ihnen zusammenleben und -arbeiten.

Man könnte sagen, dass die Menschheit mit Pferden durch dick und dünn, durch Krieg und Frieden gegangen ist. Wir spielen mit ihnen, entspannen uns mit ihnen und wetteifern mit ihnen. Es ist schwer, ein anderes Tier zu finden, das einen größeren Einfluss auf die menschliche Geschichte hatte als das Pferd.

WO LEBEN DIE PFERDE?

Pferde haben sich an das Leben und Gedeihen auf der ganzen Welt angepasst. Sie grasen auf Weiden und erklimmen unwegsames Gelände. Und weil sie in der Geschichte der Menschheit eine so wichtige Rolle gespielt haben, sind sie mit uns über Ozeane und durch Weltreiche gereist.

Da sie seit Tausenden von Jahren unsere Partner sind, findet man Pferde heute so ziemlich überall, wo es Menschen gibt. Pferde leben auf allen Kontinenten der Welt außer in der Antarktis und der Arktis.

IN WELCHEM TEIL DER WELT LEBEN DIE MEISTEN PFERDE?

Du fragst dich vielleicht, welches Land heute den ersten Platz mit den meisten Pferden belegt? Trommelwirbel bitte! Der Gewinner ist...

Die Vereinigten Staaten!

Die USA haben bei weitem die größte Pferdepopulation der Welt. Allein dort gibt es etwa 10 Millionen Pferde. Von den 58 Millionen Pferden die heute auf der Welt existieren, lebt also ein gutes Sechstel in den Vereinigten Staaten. Betrachtet man die derzeitige Weltbevölkerung, so kommt etwa ein Pferd auf 3.577 Menschen. Wäre es nicht schön, wenn das Verhältnis 1 zu 1 wäre? Stell dir mal eine Welt vor, in der ein Pferd dein Gefährte wäre. Vielleicht gäbe es dann weniger Umweltverschmutzung und weniger Fahrzeugverkehr!

FUN FACT: Pferde sind soziale Säugetiere. Das bedeutet, dass sie in freier Wildbahn eine Herde bilden und einer Gruppenstruktur folgen, genau wie der Mensch. Es gibt einen Herdenführer, der die Gruppe anführt und schützt. Interessant ist auch, dass manche Mitglieder der Herde Wache stehen und nach potenziellen Gefahren Ausschau halten, während die übrigen Herdenmitglieder fressen oder sich ausruhen.

BESTE FREUNDE...

...GIBT ES IN ALLEN GRÖßEN!

EINZIGARTIGE MERKMALE VON PFERDEN

Pferde sind bekannt für ihre ovalen Hufe, ihr kurzes Fell, ihre langen Mähnen und Schweife, ihre langen, schlanken Beine, ihren muskulösen Rumpf, ihren langen Hals und ihren länglichen Kopf. Aber wusstest du, dass Pferde sogar ein Winterfell haben?

Das Winterfell eines Pferdes ist das längere Haar, das ihnen am ganzen Körper wächst, wenn die Kälte einsetzt. Das Winterfell beginnt sich in der nördlichen Hemisphäre *(das ist die obere Hälfte unseres Planeten)* etwa im September und Oktober zu entwickeln und ist im Dezember bereit für den kalten Winter. Das Pferd plustert dieses längere, dichtere Fell dann auf, um eine Isolierung zu bilden, welche seine Körperwärme hält. Ein Pferd, das mit einer Decke eingedeckt ist, bekommt im Winter nicht so viel Fell und braucht weiterhin eine Decke, um warm zu bleiben. Vor allem in den kälteren Monaten brauchen unsere vierbeinigen Freunde unbedingt einen Schutz vor Regen, da sich ein nasses Fell nicht so gut aufplustern kann und dem Pferd zu kalt werden könnte. Sobald es wieder wärmer wird, beginnen die Pferde, ihr Winterfell zu verlieren.

Wäre es nicht cool, wenn sich dein Körper auf natürliche Weise an die Wetterveränderungen anpassen würde, so wie es der Körper der Pferde tut? Stell dir vor, wir könnten uns im Winter extra warme Haare wachsen lassen! Dann müsste man dir nie mehr sagen: „Zieh deinen Mantel an und vergiss deine Mütze nicht!"

Ein weiteres einzigartiges Merkmal von Pferden sind ihre Zähne. Pferde haben in der Regel 40 bleibende Zähne. Im Alter von etwa zweieinhalb Jahren beginnen sie, ihre Milchzähne zu verlieren. Im Alter von fünf Jahren haben sich all ihre Milchzähne durch die bleibenden Zähne ersetzt. Pferde haben bis zu fünf verschiedene Formen von Zähnen in ihrem Maul, die alle dazu dienen, ihre Nahrung aus Gras, Heu und Gemüse zu zerkauen.

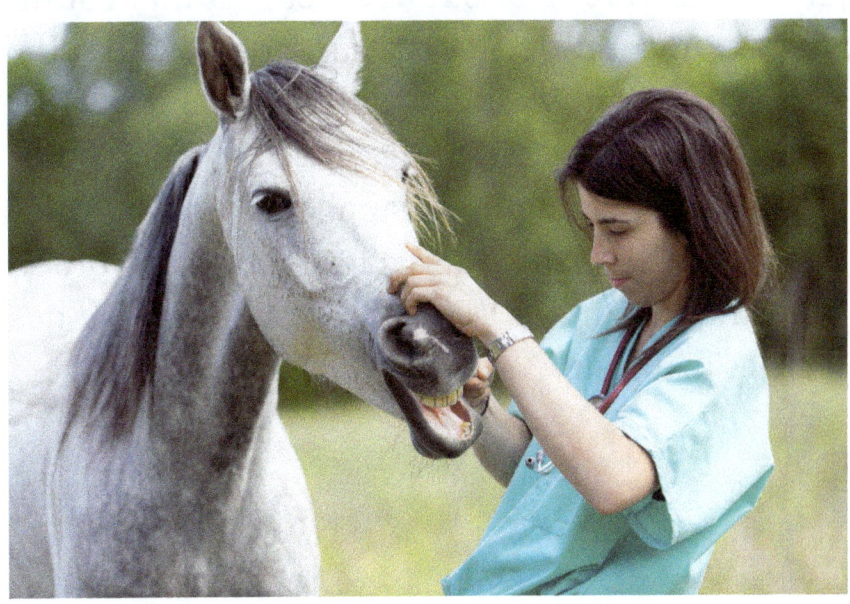

Genau wie bei uns ist auch bei Pferden die Zahngesundheit wichtig für eine gute allgemeine Gesundheit. Wenn ein Pferd aufgrund von fehlenden Zähnen oder Schmerzen nicht fressen kann, wird es nicht überleben. Pferde müssen eine Menge fressen, um ihre Größe und ihr Gewicht mit pflanzlicher Nahrung halten zu können. Da sie ihre Zähne so stark beanspruchen und ständig fressen (was diese abnutzt), wachsen die Zähne von Pferden ihr Leben lang weiter. Und zwar jedes Jahr um etwa 4 Millimeter.

Genau wie wir müssen auch Pferde zur Routineuntersuchung zum Zahnarzt gehen. Allerdings lehnen sich Pferde nicht in einem Zahnarztstuhl zurück und hören entspannende Musik. Ihr Zahnarzt macht vielmehr einen Hausbesuch. Er kommt also in den Stall, um die Zähne des Pferdes zu behandeln. Dabei feilt er Teile der Zähne ab, die spitz oder scharfkantig geworden sind und gegen die Wangen oder die Zunge des Pferdes drücken.

DER LEBENSZYKLUS VON PFERDEN

Wir wollen nun die verschiedenen Lebensabschnitte eines Pferdes erkunden.

Eine **Stute**, ein erwachsenes weibliches Pferd, ist elf Monate lang trächtig. Das ist länger als bei uns Menschen, da Frauen bekanntlich etwa neun Monate schwanger sind. Stuten gebären in der Regel nachts und normalerweise schaffen sie alles alleine ohne größere Komplikationen.

Pferdebabys werden **Fohlen** genannt. So heißen sie, bis sie nicht mehr auf die Milch ihrer Mutter angewiesen sind. Fohlen bleiben in dieser ersten Phase sehr nah bei ihrer Mutter und brauchen viel Milch zum Trinken, da sie nahezu immer hungrig sind!

Im Alter von etwa drei bis sechs Monaten wird ein Fohlen als **Absetzer** bezeichnet. Das heranwachsende Pferd braucht nun mehr Nahrung, als die Milch in diesem Alter liefern kann. Daher steigt es zu diesem Zeitpunkt immer mehr auf Nahrung aus Gras, Heu und Getreide um, um alle notwendigen Nährstoffe zu erhalten.

Absetzer brauchen viel Bewegung, ausgewogene Mahlzeiten und Impfungen, damit sie gesund und kräftig heranwachsen können. Wenn das junge Pferd ein bis zwei Jahre alt ist, wird es in

Jährling umgetauft. Jährlinge können ein wenig albern sein. Wenn du ein junges Pferd siehst, das etwas unbeholfen ist und ein wenig unausgeglichen auf den Beinen aussieht, handelt es sich wahrscheinlich um einen Jährling. Sie befinden sich im Wachstum und sind oft verwirrt, da sie sich nur schwer an ihr zunehmendes Gewicht gewöhnen können.

Im Alter von zwei bis drei Jahren werden sie jedoch zu heranwachsenden Pferden, die viel koordinierter sind. In diesem Alter wird ein weibliches heranwachsendes Pferd als **Stutfohlen** bezeichnet, während ein männliches heranwachsendes Pferd als **Hengstfohlen** bezeichnet wird. Weißt du, was das Beste für junge Pferde in diesem Alter ist? Ausbildung! Die meisten Ausbilder sind jedoch der Meinung, dass ein Pferd erst ab einem Alter von vier Jahren geritten werden sollte. Bis dahin befindet sich das Pferd noch in der Wachstumsphase und ist möglicherweise nicht in der Lage, das Gewicht eines Reiters zu tragen. Mit vier Jahren sind die meisten Pferde ausgewachsen, obwohl Zug- oder Arbeitspferde bis zu einem Alter von acht Jahren weiterwachsen können.

Pferde gelten also als erwachsen, wenn sie das vierte Lebensjahr erreicht haben. Weibliche Pferde werden jetzt **Stuten** und männliche Pferde **Hengste** genannt. Ab diesem Alter können Stuten Fohlen bekommen.

Ab dem Alter von 20 Jahren werden Pferde als **Senioren** (Omas und Opas) bezeichnet. Sie können in diesem Alter allerdings noch recht fit sein. Im Durchschnitt werden Pferde etwa 25 bis 30 Jahre alt, was eine ziemlich lange Zeit ist! Das ist immerhin doppelt so viel, wie das durchschnittliche Hundealter.

WAS DER MENSCH VOM PFERD LERNT, IST WERTVOLLER ALS DAS, WAS DER MENSCH DEM PFERD JE BEIBRINGEN KÖNNTE.

WEITERE WISSENSWERTE FAKTEN ÜBER PFERDE

HAST DU DAS GEWUSST?

- Pferde können nicht durch den Mund atmen! Deshalb haben sie so große Nasenlöcher.

- Pferde können im Stehen schlafen!

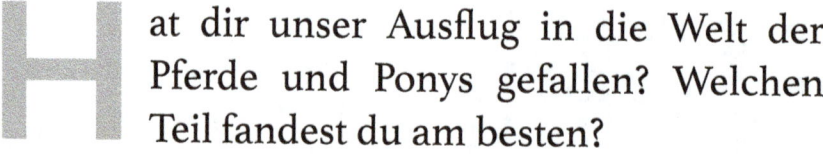

- Es ist nahezu unmöglich, sich an Pferde heranzuschleichen. Sie haben ein Sichtfeld von fast 360 Grad, mit einem kleinen toten Winkel direkt vor ihrem Gesicht und einem weiteren direkt hinter ihnen.

- Pferde können keinen Spagat machen, weil sie ein festes Becken haben.

Hat dir unser Ausflug in die Welt der Pferde und Ponys gefallen? Welchen Teil fandest du am besten?

Da du ja jetzt quasi ein Experte auf dem Gebiet der Pferde und Ponys bist, besteht deine nächste Aufgabe darin, hinauszugehen und dir ein paar von ihnen genauer anzuschauen. Viel Spaß und Freude mit diesen magischen, treuen, freundlichen und mutigen Tieren.

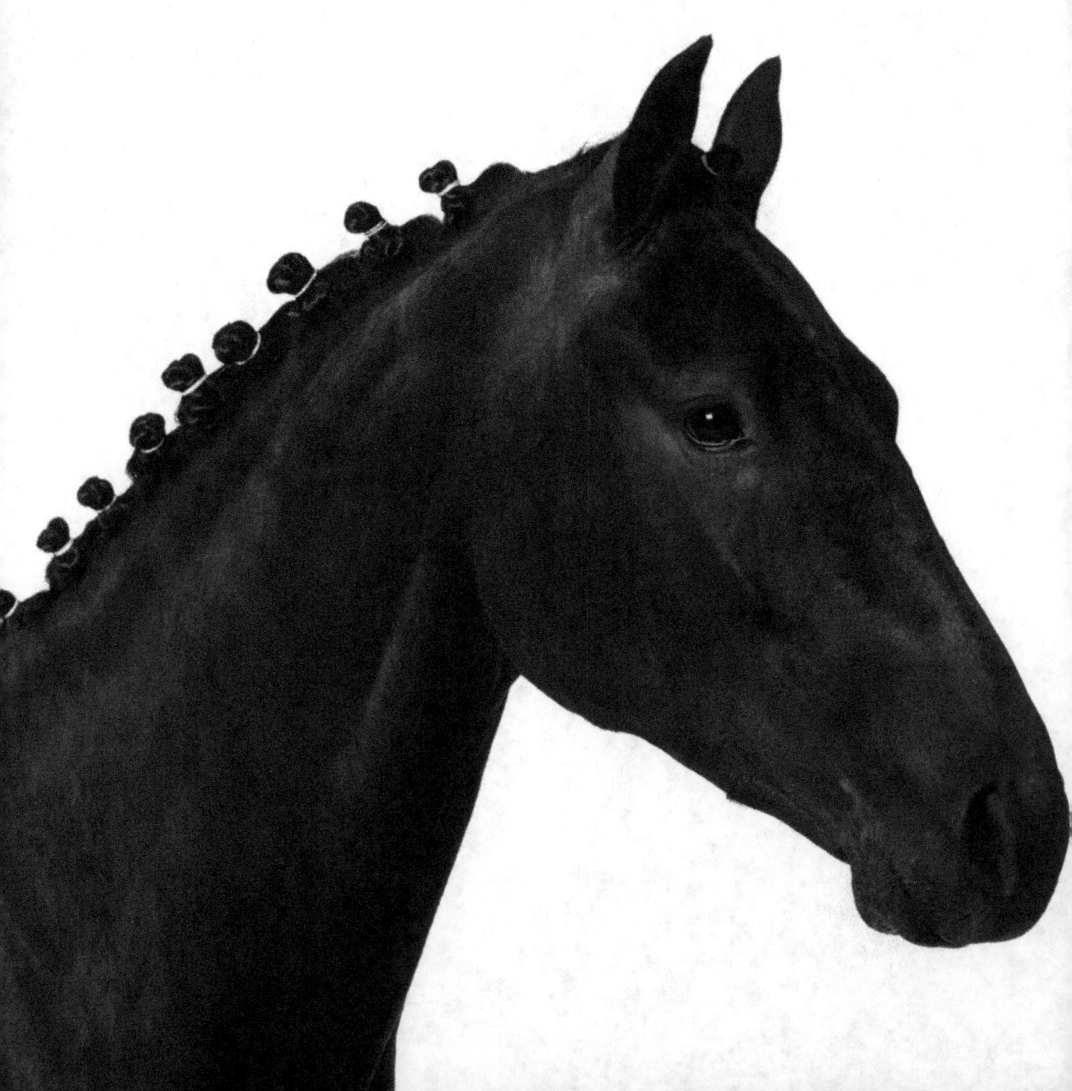

VIELEN DANK FÜRS LESEN

Vielen Dank, dass du dieses Buch gelesen hast und dass wir unsere Liebe zu Pferden und Ponys mit dir teilen durften!

Wenn dir dieses Buch gefallen hat, lass es uns gerne wissen, indem du eine Bewertung und eine kurze Rezension hinterlässt, wo auch immer du es gekauft hast! Das hilft uns, das Buch an andere Leser weiterzuempfehlen!

Vielen Dank für deine Zeit!

Wir wünschen dir noch einen wunderbaren Tag!

© Copyright 2022 - Alle Rechte vorbehalten von Admore Publishing

ISBN Paperback: 978-3-96772-143-0

ISBN Hardcover: 978-3-96772-144-7

ISBN Ebook: 978-3-96772-145-4

Der in diesem Buch enthaltene Inhalt darf ohne direkte schriftliche Genehmigung des Autors oder Herausgebers nicht reproduziert, vervielfältigt oder übertragen werden.

Unter keinen Umständen wird dem Verlag oder Autor die Schuld oder rechtliche Verantwortung für Schäden, Wiedergutmachung oder finanziellen Verlust aufgrund der in diesem Buch enthaltenen Informationen direkt oder indirekt übertragen.

Rechtliche Hinweise:

Dieses Buch ist urheberrechtlich geschützt und nur für den persönlichen Gebrauch bestimmt. Ohne die Zustimmung des Autors oder Herausgebers können Sie keinen Teil oder Inhalt dieses Buches ändern, verbreiten, verkaufen, verwenden, zitieren oder umschreiben.

Haftungsausschluss:

Bitte beachten Sie, dass die in diesem Dokument enthaltenen Informationen nur zu Bildungs- und Unterhaltungszwecken dienen. Es wurden alle Anstrengungen unternommen, um genaue, aktuelle, zuverlässige und vollständige Informationen zu liefern. Es werden keine Garantien jeglicher Art erklärt oder impliziert.

Die Leser erkennen an, dass der Autor keine rechtlichen, finanziellen, medizinischen oder professionellen Ratschläge erteilt. Der Inhalt dieses Buches stammt aus verschiedenen Quellen. Wenden Sie sich an einen lizenzierten Fachmann, bevor Sie die in diesem Buch beschriebenen Techniken anwenden.

Durch das Lesen dieses Dokuments stimmt der Leser zu, dass der Autor unter keinen Umständen für direkte oder indirekte Verluste verantwortlich ist, die durch die Verwendung der in diesem Dokument enthaltenen Informationen entstehen, einschließlich, aber nicht beschränkt auf Fehler, Auslassungen oder Ungenauigkeiten.

Veröffentlicht von Admore Publishing:

Gotenstraße, Berlin, Germany

www.admorepublishing.com

QUELLEN

- https://spca.bc.ca/news/fun-facts-about-horses/
- https://petkeen.com/miniature-horse-vs-pony/
- https://www.livescience.com/50714-horse-facts.html
- https://spana.org/blog/what-do-horses-eat/
- https://www.amnh.org/exhibitions/horse/the-evolution-of-horses
- https://www.britannica.com/animal/horse/Evolution-of-the-horse

- https://www.amnh.org/exhibitions/horse/the-evolution-of-horses/meet-the-relatives
- https://horses.lovetoknow.com/equine-health/life-cycle-horse-stages-care

www.ingramcontent.com/pod-product-compliance
Lightning Source LLC
LaVergne TN
LVHW021337080526
838202LV00004B/208